P. Cezanne

PAR ELIE FAURE

CÉZANNE

P. Cezanne

PAR ELIE FAURE

PORTRAIT DE PAUL CEZANNE

I

Les rentiers d'Aix qui sortent après le repas de midi de leurs grands vestibules frais pour se hâter vers le domino quotidien en suivant l'étroite bande d'ombre que le bord des toits conquiert sur le soleil d'un côté de la rue déserte, les cochers du cours Mirabeau qui se retournent sur leur siège pour s'interpeller en patois dans la poussière et le tintamarre des roues, les mendiants qui choisissent l'heure de la messe pour aller se chauffer contre le mur de Saint-Sauveur, se souviennent d'avoir vu souvent, dans les dernières années du siècle précédent et les premières de celui-ci, un vieil homme singulier. A peu près tous savaient son nom, très peu connaissaient sa voix. Le matin, on ne le rencontrait guère qu'à l'heure où il rentrait déjeuner, car il était parti dès l'aube pour aller au travail. L'après-midi, il reprenait le chemin de la banlieue, à pied presque toujours, parfois dans un fiacre. Le soir, il se couchait avant que la table fût levée, il n'allait jamais dîner en ville, il ne recevait jamais. Depuis longtemps, les gens d'Aix s'étaient mis d'accord sur son compte : Monsieur Cézanne était fou.

Assez grand, un peu voûté, avec une barbiche envahissant parfois les joues et une moustache blanche, le front élevé, le crâne chauve, il avait l'aspect d'un vieux soldat maltraité par la vie de garnison. Un nez violet, des paupières retournées, rouges et larmoyantes, la lèvre inférieure en avant rendaient le visage moins martial. Il était vêtu bourgeoisement, jaquette noire, pantalon un peu tirebouchonné, chapeau de feutre rond l'hiver, chapeau de paille l'été. Souvent un carnier en bandoulière. Parfois, une pèlerine aux épaules. Mais il ne fallait pas voir sa mise de trop près. Quand il se laissait approcher, on constatait qu'il n'avait pas sa cravate, ou que son col de chemise tenait par une ficelle, ou que des traces de peinture tachaient son habit. Il évitait le regard des passants. Quand ils trouvaient le sien, ils y lisaient une sauvagerie craintive, quelquefois un éclair de fureur qui s'éteignait sous le paupière tandis que sa marche prenait une allure de fuite. Il avait l'air traqué, cherchant les rues les moins passagères, faisant des crochets brusques pour échapper aux survenants. Les polissons de la ville le connaissaient bien. Ils le poursuivaient, lui jetaient des pierres. Cézanne s'éloignait aussi vite que le permettait l'enflure de ses vieilles jambes. Mais son itinéraire, à peu près le même tous les jours, de la maison de ville à la maison de campagne, de la maison de campagne à l'atelier, de l'atelier à la maison de ville, le leur livrait. Le dimanche seulement, il se détournait de sa route habituelle pour aller s'asseoir, à la messe et aux vêpres, au banc de la fabrique de la cathédrale blonde dont la nef s'emplit de lauriers, d'orangers et de chênes toutes les fois qu'on ouvre les volets du *Buisson ardent* que Nicolas Froment d'Avignon, le peintre du roi René, y suspendit il y a cinq siècles. Ce jour-là, il y avait à la porte deux haies de pauvres bougres qui savaient ses poches toujours pleines de petites pièces et de gros sous.

Très rarement, on le rencontrait dans les rues d'Aix, poudreuses l'été, durcies par le mistral l'hiver et toujours blanches, avec un jeune homme inconnu qui ne ressemblait pas à tout le monde. Parce qu'on savait vaguement que le vieux rentier s'amusait à faire de la peinture, on supposait que le jeune homme était un peintre, venu de Marseille pour le voir. Ces jours-là, son allure changeait. Il parlait beaucoup, avec de grands gestes, il s'arrêtait en marchant, éclatait en jurons furieux. Pour les habitants d'Aix, sans doute, les intonations méridionales de sa voix ne s'accentuaient pas davantage, mais son compagnon, qui venait en général de beaucoup plus loin que de Marseille, en recueillait avec attendrissement la musique innocente, et les sonorités qui soulignent la vigueur des épithètes. Quelquefois, on le voyait quitter brusquement le jeune homme et s'enfuir en mâchonnant des mots rageurs... Il avait ainsi de longs silences d'une année, de brusques expansions d'une heure, des sautes d'humeur et d'allure que personne ne comprenait... C'était un vieillard sauvage, candide, irascible et bon.

II

Sauf un long séjour à Paris, où il prit contact avec son siècle, il n'a jamais quitté Aix-en-Provence que pour y rentrer presque tout de suite. Son apathie rencontrait ailleurs trop d'obstacles inutiles et sa timidité trop d'occasions d'étrangler sa gorge et d'indisposer contre lui ceux auxquels il ne livra jamais une parcelle de son intelligence et de sa faculté d'aimer. Il y était né en 1839. Il y avait fait, au collège, de bonnes humanités. Non qu'il fût très ardent au travail. Mais, à cette époque, les maîtres faisaient plus souvent appel à la sensibilité qu'à la raison de leurs élèves. Ils négligeaient un peu les études scientifiques. Ils donnaient leurs soins aux langues mortes, et ni le grec ni le latin n'étaient tout à fait morts dans ce coin de terre antique où le roc est à fleur de sol, où les lignes des coteaux se détachent sur le ciel, où les villes sont pleines de ruines de temples, d'aqueducs, de théâtres, où les éléments méditerranéens de la race n'ont subi que peu de mélanges, où l'idiome populaire participe encore intimement du génie et de la structure du vieux langage maternel, comme ces logements de pauvres qui avaient envahi jusqu'au début du dernier siècle les gradins, les couloirs, les vomitoires des arènes de Nîmes et d'Arles sans en altérer la courbe, la masse et l'accent. Cézanne garda de ses études une amitié particulière pour les vieux artistes latins qui lui révélèrent la poésie d'un monde dont il reconnaissait les horizons et les profils. Il les lisait dans le texte. Au cours des promenades qu'il faisait à travers la campagne aixoise avec ses rares visiteurs et les amis beaucoup plus rares qui avaient, à Aix même, bravé le préjugé bourgeois et les railleries des sots pour venir lui demander la protection et l'encouragement de son esprit, tout était prétexte pour lui, les rencontres sur la route, la vue d'un attelage de labour, d'un vieux mur, la traversée d'un ruisseau, le passage d'un vol de pigeons ou simplement le bruit intime de son cœur, à demander à Virgile ou à Lucrèce l'appui de leur complicité.

Il commit, dans sa jeunesse, des vers latins. Il composa même en français un poème païen, *Hercule*, que Zola, s'il faut en croire les lettres qu'il lui envoyait de

Paris à cette époque, ne semble pas avoir beaucoup goûté. Zola, d'ailleurs, bien qu'il ait écrit à propos de Cézanne un livre parfois très beau [1], le comprenait assez mal, même au temps où ils s'aimaient en frères. Ils avaient fait leurs classes ensemble. Surtout ils avaient ensemble parcouru la terre jusqu'à l'horizon et le rêve jusqu'à l'infini de l'enthousiasme et du désir. Rien d'émouvant comme cette amitié ardente où communia la jeunesse des deux hommes qui ont exercé sans doute la plus vivifiante action sur les artistes d'aujourd'hui. Il y eut quelque chose de divin dans leur enfance païenne, nous l'avons tous senti passer, que nous ayons ou non saisi les mouvements qu'ils ont mis en nous l'un et l'autre, nous l'avons tous senti passer, ce souffle d'ivresse brutale qui gonfle les premiers livres du poète, *La fortune des Rougon*, *La Conquête de Plassans*, *La faute de l'abbé Mouret*, et les étranges toiles bleues ou vertes du peintre, où le frisson de l'espace et de l'eau agite le monde et murmure autour des êtres nus assemblés sous les rameaux des arbres. Ils partaient tous deux par les routes où la poussière cède en criant sous le pas. Pendant les heures chaudes ils barbottaient dans l'Arc, nageant, plongeant,

(1) *L'Œuvre.*

se roulant sur la mousse tiède pour sécher, replongeant tout nus dans l'eau et le soleil tant que l'air ne fraîchissait pas. Ils ne rentraient souvent chez eux qu'après deux ou trois jours, ils couchaient sous un hangar, ou sur les feuilles, dans les nuits d'été immobiles qui froidissent au matin. Ils arrivaient le cuir brûlé, les pieds cuisants, de la terre rouge sous les ongles. L'écorce des chênes trapus, l'âpre jus des feuilles mâchées, les sentes rocailleuses où ils poursuivaient les lézards, les épines des haies, les ronces, les silex avaient incrusté dans leur peau l'âme éparse des poètes morts ou vivants dont ils emportaient les vers pour se les lire, en criant fort. C'étaient deux petits faunes noirs, avec un cœur tendre et sauvage, et pas un doute.

Cézanne lutta trois ans contre son banquier de père qui voulait lui laisser son comptoir, et essaya honnêtement de faire son droit à Aix, avant d'emporter l'autorisation de rejoindre à Paris Zola, qui l'appelait. Dès qu'il y fut, il parla tout de suite de retourner en Provence. La brutalité de la ville, sa fièvre, l'indifférence de ses foules pour ce qu'il regardait comme étant la vie essentielle, tout cela l'abasourdit. Le contraste était trop fort entre sa jeunesse vivante et ses premiers contacts avec les hommes. Sa sensibilité farouche se rétracta brusquement. Il cessa de vivre tout haut, d'abandonner son être entier à l'ami des commencements de la découverte du monde. Enfant, il avait cru tous les êtres très près de lui. Il s'ouvrait à tous, il se répandait sur tous, il croyait du moins le faire. Il ne s'apercevait pas encore que l'ami choisi dans l'élan de l'instinct était, lui aussi, l'exception. Ils ne savaient ni l'un ni l'autre que presque tous ceux qui vivent dans les villes n'aperçoivent, quand ils sortent des villes, rien de ce qui les enivrait eux-mêmes. Ils ne savaient pas qu'ils étaient presque les seuls à retrouver dans le murmure des feuilles, et la sonorité de l'eau, et la vibration des cigales, les vibrations, les sonorités et les murmures qui courent comme une brise enflée de voix chuchotantes et d'odeurs, d'un bout à l'autre des vers qu'ils se disaient en marchant. Ils ignoraient qu'ils possédaient un cœur sincère et que le cœur des autres hommes ne l'est pas. C'est celui des deux qui était le moins fait pour la lutte extérieure, celui qui appartenait le moins au courant général du siècle, celui qui vint à Paris le plus tard, celui qui se heurta le premier à l'incompréhension des hommes parce qu'il s'exprimait dans celle de toutes les langues qu'ils entendent le moins, c'est celui-là qui s'en aperçut le plus vite et ne put s'y résigner... Zola, moins sensible, plus combatif, ne comprit pas. Il trouvait son ami, cet être éperdu d'amour, étouffant de vie comprimée, labouré d'hymnes magnifiques que tous les regards arrêtaient sur ses lèvres, il trouvait son ami fantasque, plein de contradictions et d'ombre : « *Il est fait d'une seule pièce, raide et dur sous la main; rien ne le plie, rien ne peut en arracher une concession...* » (1).

Je crois bien. Le temps était passé de l'expansion lyrique, le temps était passé de prendre à témoin, et tout haut, la nature, d'accorder à tous la confiance qu'on a en soi, de croire que nous avons tous le désintéressement d'esprit et le désir de communion dans l'enthousiasme que l'artiste porte en lui. Le temps était venu de se raidir contre la fuite désespérée des illusions trop enfantines, de cuirasser son cœur aux blessures de l'incompréhension inépuisable des humains pour l'ouvrir de plus en plus grand au baume de l'exploration intérieure et des revanches de l'espoir. Où se tourner, et que d'années encore avant de comprendre tout-à-fait que les hommes nous respectent d'autant moins que

(1) Emile Zola, *Lettres de Jeunesse.*

nous les respectons davantage, et que nous ne trouvons jamais hors de nous-mêmes les consolations et les appuis qui nous sont nécessaires pour ne pas faiblir avant la fin ? Le jeune provincial de qui l'accent était candide, les regards confiants, les abandons illimités, fréquente l'atelier Suisse, échoue au concours des Beaux-Arts. Autour de lui des rapins ineptes, de jeunes bourgeois sortant du collège avec un premier prix de dessin et qui parlent de l'art comme on parle d'une carrière administrative, de la femme comme de la denrée qui s'achète à très bas prix dans les ruelles puantes des ports de mer de chez lui. Et partout, partout l'hostilité, l'indifférence pire, la laideur agressive, la béatitude immuable de ceux qui ne comprennent pas.

On se disait pourtant çà et là à cette époque le nom d'un peintre qu'aimait Baudelaire et dont le Salon refusait les envois. Maintenant que la foule subit Delacroix, d'ailleurs académicien et décoré, que les expositions officielles ne repoussent que les plus belles œuvres de Courbet, c'est autour de Manet qu'on retrouve les jeunes gens dont les ateliers ne veulent pas. D'autres désirs naissent, et des visions neuves, et des certitudes heureusement intransigeantes. On rencontre des littérateurs au

 2

cours de Claude Bernard. On voit des peintres aux fenêtres de l'Ecole. Le spiritualisme romantique cède tout à coup la place au matérialisme expérimental. Il faut engager de nouveau, contre les trafiquants du génie de Hugo et de Delacroix, la lutte qu'ils ont eux-mêmes soutenue contre les usurpateurs du classicisme. Le combat pour la tradition continue contre l'Ecole. Et la révolution persiste pour sauver de la mort le mouvement vital du monde compromis par ceux qui se réclament de la révolution d'hier. Encore un exode de Barbizon, moins complet, mais plus décisif. Il ne s'agit plus de vivre en paysan, d'ignorer tout du monde, de se replacer devant la nature en sentimentaux désabusés de la vanité des villes et dédaigneux de ce qui n'est pas l'arbre vierge et l'homme des champs. On accepte tout du monde, au contraire, les rues comme les usines, les campagnes aussi bien que les cathédrales. On est bien résolu à l'explorer impartialement, à condition qu'aucun préjugé livresque ou scolastique ne se glisse entre l'œil de l'artiste et lui. L'artiste ne subit plus aucune contrainte littéraire. C'est la contrainte scientifique qui va commencer.

Elle lui fut nécessaire. Elle rétrécit une minute sa puissance à imaginer, elle accrut sa puissance à voir.

Une heure viendrait, sans doute, où, débarrassé du brouillard sentimental qui masquait sa vision, il recommencerait avec un œil plus clair la poursuite de l'illusion dans la volonté magnifique du tempérament renouvelé. Cézanne, rentré à Paris en 63 après un court séjour à Aix où il était parti navré, désorienté, se demandant s'il était fait pour être peintre, et où il avait essayé de travailler quelques mois à la banque paternelle, tomba par hasard, chez Suisse où il revenait, sur Pissarro. Quelques mots suffirent. Pissarro lui révéla Courbet. Zola, un peu plus tard, le conduisit chez Manet. Au fond du jeune cœur serré par le doute, la désillusion trop précoce, le bruit d'enfer des rues cruelles, le désir se ralluma.

A vrai dire, s'il partageait les révoltes et s'associait aux rêves d'émancipation des jeunes gens que Pissarro lui fit connaître, il ne se sentait pas tout à fait pareil à eux. On déclarait volontiers autour de lui que la peinture allait seulement naître, que la science permettrait bientôt la création d'une méthode artistique infaillible, qu'il n'y avait rien hors de la vérité de fait, que l'effort ancien des hommes était entaché d'erreur mystique et que les temps conscients allaient venir. Cézanne sentait bien la sincérité de ses amis, il se rendait bien compte que l'artiste avait besoin de reprendre avec le dehors un contact profond et prolongé. Tout de même, quand les vers de Virgile ou de Racine remontaient à ses lèvres, quand il s'échappait brusquement du groupe enthousiaste où son silence faisait trou depuis un moment pour courir à la grande galerie du Louvre où il errait jusqu'à la nuit, il se disait qu'il y avait autre chose, que d'autres hommes, avant ceux-là, donnèrent à leur âme une forme sensible qui paraissait impérissable. Il se disait que dans leurs vers ou dans leurs tableaux où le monde extérieur se manifestait puissamment, un certain ordre apparaissait, un certain rythme, quelque chose de cadencé, d'harmonieux et de musical, où l'esprit humain affirmait le désir et le sens d'une direction mystérieuse. Alors que ses nouveaux amis ouvraient bruyamment la fenêtre pour laisser entrer l'odeur de la campagne et la lumière, il s'apercevait que ces anciens amis s'étaient longtemps, et sans bruit, accoudés à cette fenêtre pour rechercher, dans l'entrecroisement confus des lignes et le jeu complexe des reflets, la marche de l'ombre et des hommes, des accents particuliers et des orientations dominantes dont la répétition et le retour s'imposent comme des lois.

Pour les suivre jusqu'au bout, il se fit tirer l'oreille. Ce n'était pas impunément qu'il avait emporté avec Zola, dans leurs courses violentes, les poèmes de Hugo et de Musset. Il restait, comme son compagnon, imprégné de romantisme. Dans ses essais de cette époque, des centaures emportant des nymphes au fond des bois obscurs. Des muscles monstrueux bossèlent les épaules, des bras pendent, gonflés de sang, le drame s'écrit brutalement dans les creux pleins d'ombre et les saillies éclatantes, il suit Delacroix et Daumier jusqu'au bord de l'abîme où l'âme de Michel-Ange roule depuis quatre cents ans. Il cherche, il souffre. L'absolutisme positiviste de ses amis heurte les désirs qui le brûlent d'atteindre un absolu placé au-dessus et en dehors de leurs besoins provisoires. S'il reste avec eux, c'est qu'il les sait peintres, aimant leur art pour lui-même. C'est que Pissarro, le théoricien de la bande, a comme lui, avant de se lancer vers la conquête exclusive de la lumière, erré d'inquiétudes en inquiétudes, suivi Corot, suivi Millet. Courbet l'arrête longtemps. C'est lui qui doit le libérer de la littérature romantique, il ne l'oubliera pas plus qu'il n'oubliera Delacroix, Daumier, tous les bâtisseurs puissants de la matière et de la forme dont l'œuvre domine de plus en plus dans l'avenir le prétexte qui l'a fait naître. Il suspendra plus tard au mur de sa chambre une étude de Delacroix, une estampe de Daumier. Il ôtera son chapeau chaque fois qu'il prononcera le nom de Gustave Courbet. Trente ans après s'être détaché du plus solide et du plus terre à terre des pétrisseurs de vie qu'il y eut jamais dans la peinture, il éprouvera, chaque fois qu'il se retrouvera en présence de l'*Enterrement à Ornans*, — les juges, les pleureuses, le morne ciel, les oppositions formidables des noirs et des blancs, le poème massif de la réalité brutale, — le même enthousiasme sacré. Sans souci des jambes enflées qu'il traîne après lui comme une chaîne, il gravira d'un bond les échelles des copistes, perdra sa sainte pudeur, ameutera par ses exclamations les passants et les gardiens.

Pour retourner aux réalisations les plus sereines de son art, Cézanne revécut donc, l'une après l'autre, toutes les œuvres décisives de son temps. Un à un, il éprouva les chaînons de la tradition éternelle vers qui, depuis Delacroix, et pas à pas, les artistes s'acheminaient. Avec Delacroix et Daumier, il faut qu'il délivre la forme emprisonnée dans les formules scolastiques. Il faut qu'il se défasse, avec Courbet, du mensonge des sujets nobles.

Il faut qu'avec ceux de sa génération, il consente à étudier sans parti pris les phénomènes de la lumière suivant l'heure du jour et le temps et la saison. Ce n'est que bien après l'âge où d'autres ont fini leur tâche, Masaccio, Raphaël, Watteau, Mozart, qu'il commence vraiment la sienne, laissant derrière lui à leur fonction nécessaire et libératrice, mais limitée, ceux qui lui ont montré le vrai chemin.

Il consentit donc, un peu passivement, et parce qu'il aimait la pureté de leur vision, et parce qu'il sentait la nécessité du passage, à se joindre, après avoir retrouvé Pissarro à Auvers-sur-Oise, au groupe des impressionnistes. On était en 73. Entre temps la guerre, un mariage, un fils. En 70, quand les gendarmes le cherchaient à Aix, il était à l'Estaque où sa mère le cachait. Il ne manifestait aucun goût pour le métier des armes. Il avait autre chose à faire, et le sentait, et le savait. Sa paresse, sa timidité, son incertitude se changeaient soudain en passion du travail, en résolution, en assurance, comme chaque fois qu'on propose à un esprit d'élite qui ne se connaît pas bien une besogne qu'il sent inférieure à son désir. Il avait peur ? Sans doute. Peur qu'on brisât la coupe où fermentait le vin de l'illusion.

Il partagea la vie de réprouvés des peintres de son époque qui eurent la hardiesse de revenir aux sources de la beauté du monde sans regarder en arrière et sans consentir à voiler leurs découvertes sous des concessions d'apparence qui eussent assuré leur succès. Refusé chaque année au Salon en compagnie de Pissarro, de Claude Monet, de Sisley, il fut celui d'entre eux, avec Renoir, qui apportait comme lui dans cette association de malfaiteurs des préoccupations de traditionnalisme et de composition dépassant l'impressionnisme et finissant même par combattre le principe fondamental qui lui donnait son nom, à exciter le plus de rires, d'injures, d'imbéciles plaisanteries. La vision la plus personnelle est la plus âprement et la plus longtemps combattue. Il eut beau, comme eux, avec moins de spontanéité sans doute, mais plus de sobre force à s'exprimer, il eut beau redécouvrir la face mouvante de la terre, surprendre les reflets du ciel qui tremblent dans chaque frisson des rivières, retrouver la couleur variable des choses dans les ombres transparentes qu'elles promènent sur le sol, restituer à l'univers l'infinie mobilité d'apparences que la hauteur du soleil, l'interposition des nuages, la décomposition de la lumière qui se brise aux aspérités imposent à nos sensations. Il eut beau explorer pour nous les vallées bruissantes, apercevoir la tache des toits rouges au travers des branches remuées, saisir les irisations du vent sur l'eau qui réfléchit les choses, mêler aux vapeurs de l'espace l'incessant frémissement des feuilles. Tous faisaient rire, et surtout lui.

III

En 79, il s'enfuit de Paris. L'œil nettoyé par l'Impressionnisme de toutes traces de tons et de formes d'Ecole, le cerveau débarrassé du fatras sentimental où le bas romantisme s'alimente, il voit s'ébaucher, sous les visages instables de la terre, un squelette imprécis que personne n'aperçoit. Mais il est blessé, sans courage, doutant de lui, des autres, torturé par l'analyse impitoyable à laquelle il soumet ses impressions, désolé de sentir qu'à mesure qu'il veut comprendre et comprend un peu mieux, les hommes le comprennent moins, ne trouvant plus d'ailleurs dans la société de ses amis l'intime approbation des incertitudes qui tourmentent son esprit. Depuis un an déjà il renonce à envoyer ses tableaux, de plus en plus rares, aux expositions de peinture. Le terrible « à quoi bon ? » surgit à chaque minute, depuis qu'il connaît mieux la dureté de la route, qu'il s'est plongé plus avant dans l'immensité de Véronèse et de Rubens, qu'il a entrevu le faîte de son rêve et calculé la longueur de l'effort qui l'en sépare. Peut-être même a-t-il, vers cette époque, une heure de lâcheté ? Il fait des morceaux de peinture, pâte épaisse et savoureuse, tache noire de l'œil sur l'excessif éclat des chairs, étoffes rutilantes enlevées d'un coup où l'imitation de Vélasquez, à travers Manet peut-être, semble annoncer en lui la tentation de développer ses qualités de virtuose aux dépens de sa sincérité. Peut-être l'exil à Aix était-il la renonciation, peut-être le désir de s'arracher aux influences tyranniques qui l'eussent conduit à la déchéance, au dégoût de soi-même, au néant des apothéoses mondaines et des faciles succès. Il ne devait plus quitter la Provence que pour de brefs séjours à Paris. Il n'alla jamais en Italie, bien qu'il pût ainsi trouver à sa porte un témoignage dont il redoutait sans doute la puissance de fascination. Il fit de courts voyages en Belgique, en Hollande. Tout cela était trop. Il y avait en lui-même de si profonds, de si confus désirs, que le bruit environnant l'empêchait de les entendre. La solitude seule pouvait le renseigner en lui permettant de regarder jusqu'au fond du propre mystère qu'il promenait autour de lui dans le mystère universel. Il verrait bien s'il y trouverait le silence ou la montée des forces inconnues dont aucune force extérieure ne pourrait plus désormais empêcher l'affirmation.

Maintenant, il n'a plus d'histoire. Ce n'est pas qu'il ait été heureux. Il a trop poursuivi dans le bruit du combat que le doute et le désir se livraient sans répit dans son être, il a trop poursuivi le but fuyant de ce désir pour connaître jamais la minute de repos à laquelle l'artiste aspire incessamment sans la saisir, — par bonheur pour la gloire du monde et sa marche obscure en avant. Mais comme il concentrait dans une idée fixe toutes les puissances de vie dont le hasard l'avait fait le dépositaire, les événements extérieurs ne pouvaient plus le toucher. Parce qu'il fuyait l'anecdote dans l'art, l'anecdote fuyait sa vie. Elle entrait dans une ombre dont rien, malgré tous les récits et les divinations de ceux qui l'approchèrent, ne pourra plus la tirer. Il n'a voulu qu'en faire une œuvre impitoyablement objective, où rien n'apparaîtrait des sentiments momentanés que ses rapports avec les hommes provoquaient dans son cœur. C'est une façon de se définir qui vaut l'autre, si nous savons aller au delà des relations superficielles de l'homme et de la société pour saisir, à travers son œuvre, les directions de son esprit.

Quand il rentra dans la cité des grands hôtels sévères et des fontaines, la ville royale du Sud, où par l'université, l'archevêché et le parlement, le sceptre de Louis XIV s'étendait entre les villes crapuleuses des trafiquants et des forçats, la sensation de stupeur tourmentée qui l'avait prise quinze ou dix-huit ans plus tôt, à son arrivée à Paris, le ressaisit, plus forte. Il s'attendait sans doute à retrouver les campagnes antiques, la fin des tentations, la solitude, le pur enseignement du ciel et des collines, et la bibliothèque paternelle où dormaient, comme des oiseaux emprisonnés, les vers des poètes latins que ne comprenaient plus les littérateurs de Paris. Mais son cerveau avait fait, à son insu, une route énorme, et personne, ici, n'avait bougé. On ne connaissait pas même de nom l'impressionnisme, nul n'avait entendu parler de Courbet, et la lutte entre Ingres et Delacroix n'avait jamais trouvé dans ces milieux sans inquiétudes, l'écho des passions vivantes qu'elle manifesta cependant. Autour de lui, des gens paisiblement installés dans l'habitude, la haine de l'effort et la paresse d'esprit. Ils parlaient de l'art sur le même ton, avec les mêmes mots, que de la politique locale ou générale, des menus faits qui alimentent la curiosité des petites villes et l'appréciaient avec cette même certitude inébranlablement assise dans l'incompréhension et cuirassée d'ignorance, qui caractérise le jugement de ceux qui n'ont pas réfléchi. Le malheureux dut subir ces conversations de province si définitivement omniscientes, imbéciles et ricaneuses, qu'elles peuvent se transporter à Paris tout armées et y vivre immuablement à côté du torrent du siècle durant quatre générations. Il dut tolérer l'impudeur des incompétences, éprouver cette souffrance aiguë qui traverse tout cœur d'artiste égaré parmi ceux qui ne le sont pas quand quelqu'un s'avise de laisser tomber, au milieu des paroles échangées, une opinion sur la littérature que très peu savent sentir, sur la musique que, hors une élite, à peu près personne n'entend, sur la peinture surtout dont quelques peintres à peine soupçonnent le véritable sens. Il connut la torture des divagations courantes sur le « sujet », le « coloris », la « poésie », l' « expression ». Il connut la nécessité douloureuse de forcer ses oreilles bourdonnantes à ne pas écouter, d'imposer le calme à son cœur bondissant, de mordre les mots furieux qui venaient à ses lèvres, et le farouche orgueil d'être le seul, lui, le plus grand peintre de son temps, à ne pas donner un avis qu'on ne lui demandait pas. Il eut le sentiment désespéré de son impuissance radicale à remonter ces courants aveugles, à refaire l'éducation générale et spéciale de tous ceux qui l'entouraient. Si, par rage, il clamait sa foi, il surprit les demi-sourires, les chuchotements dans les coins, les haussements d'épaules ébauchés qui lui répondaient, l'entente spontanée et immédiate de tous contre lui dans la vanité quiète de la sottise qui s'ignore. Un seul refuge. L'intime sentiment de sa supériorité d'intelligence et d'âme, et la force de réaction qu'il y puisait à plein cœur.

Comment ceux qui venaient le voir de Paris après vingt ou trente ans de cet isolement sauvage, ne se fussent-ils pas trouvés en présence d'un vieillard bizarre, aux allures méfiantes et pourchassées, qui n'entr'ouvrait sa porte que pour la refermer aussitôt si le visage du visiteur ne lui plaisait pas du premier coup ? Comment surtout ceux de la ville n'eussent-ils pas saisi l'occasion si rare de posséder dans leurs murs et de l'annoncer à tout venant un grotesque authentique, incontestable, un peintre qui ignorait jusqu'au nom des peintres renommés de cette époque, ne parlait de l'Ecole des Beaux-Arts qu'avec une voix mauvaise, et dont on accrochait tout en haut la toile qu'il se hasardait de temps à autre à envoyer aux expositions locales ? Ils n'avaient pas le droit d'entrer dans son cœur magnifique, de comprendre ses effusions brusques quand il apercevait dans l'œil d'un visiteur une étincelle de sensibilité, de saisir, dans ses allures inquiètes et fuyardes, les gestes de bonté qu'il avait avec les pauvres gens, de respecter ses silences têtus, ses longues marches où il assommait de fatigue l'angoisse qui l'habitait, sa peur des sots, son impuissance à se défendre contre le mensonge et le vol. Tout le monde se moquait de lui. Il voulait faire construire un atelier et donnait ses indications ? ... l'architecte passait outre, et il n'osait pas protester (1)... Son cocher prenait un chemin plutôt qu'un autre ? ... il ne disait rien... Ses amis seuls connaissaient ses colères et la rancune qu'il avait contre sa timidité. Floué, berné, il laissait faire. Désarmé, il ne voyait autour de lui que des « *maléins* ». Il avait, pour l'adresse des autres à organiser leurs profits, une admiration ingénue, réelle et divine, qui dénotait la beauté de son cœur. Et sa candeur était l'indice d'un esprit tout entier tendu à se révéler à lui-même. Son art à part et sa personne intérieure, il se fût laissé prendre tout. Il réservait son âme pour son œuvre, rien que pour

(1) Emile Bernard, *Mercure de France*, nos 247 et 248

elle. Un mot revenait à tout instant dans ses propos, il ne voulait pas qu'on lui mît « le grappin dessus ». Il ne montrait la toile en cours qu'à ceux qui avaient conquis sa confiance, il avait peur qu'on lui « chipât ses trucs ». Il était pieux, mais il redoutait les Jésuites. Une susceptibilité torturante le tenait toujours en état de défense, même vis-à-vis de ceux qui avaient le droit de se croire ses amis. Il avait une pudeur physique telle qu'il ne souffrait pas qu'on l'aidât à marcher, à se lever, à s'habiller. Personne, personne, jamais, ne lui mettrait le « grappin dessus » (1). Il avait retiré vers le centre de son être tous les prolongements sensibles qui, depuis cinquante ans, erraient sur les aspects du monde pour emmagasiner en lui la religiosité et l'émotion. Dévoré d'inquiétude, il avait pourtant conscience d'être une grande force inemployée. Comment l'eût-on compris ? Comment eût-on pu croire que cet homme à qui les hommes faisaient peur et qui se cachait des femmes eût assez de virilité pour féconder l'avenir ? Nul autour de lui n'était digne de soupçonner le drame intime qui labourait son esprit, il avait ce désir insatiable qu'ont les artistes de trouver des encouragements sur toutes les bouches,

(2) Emile Bernard, *Mercure de France*, nos 247 et 248.

de l'admiration dans tous les regards, des complicités muettes dans toutes les vies, il était condamné de par la hauteur même du but qu'il poursuivait à ne jamais faire, pour obtenir toutes ces choses, l'ombre d'une concession. Nul ne comprenait pourquoi il avait la faiblesse d'envoyer parfois encore au « Salon de M. Bouguereau » et de souffrir chaque fois qu'on le refusait et de pâlir de douleur et de s'échapper quand on lui disait en souriant qu'il avait tort de s'obstiner. Nul ne comprit, un soir, quand il se leva de table, au cours d'une conversation sur la peinture à laquelle il ne prenait pas part, et qu'il dit dans un cri de colère : « Vous savez bien qu'il n'y a qu'un peintre au monde, moi ! » Nul ne s'apercevait qu'il souffrait, lui qui doutait de tout, au milieu de gens sûrs de tout, d'être le seul à savoir qu'il était un grand artiste. Car ce n'est pas assez d'avoir raison, d'être certain du triomphe un jour, de croire qu'on sera glorieux quand on ne sera plus là pour goûter la consolation de la gloire. Ils ne sentent donc pas, eux tous, que les artistes aiment, et qu'ils ont besoin d'être aimés ?

IV

Qu'importe. « Le travail qui fait réaliser un progrès dans son propre métier est un dédommagement suffisant à ne pas être compris des imbéciles » (1). Cézanne, fuyant les hommes, partait tous les matins et tous les soirs soit pour son atelier qui était hors de la ville, soit pour son Jas de Bouffan, la belle maison de campagne carrée, d'arêtes pures et de si noble aspect, soit pour aller « sur le motif », c'est-à-dire en pleins champs, ou dans les rochers, face à Sainte-Victoire qu'on aperçoit de son allée de marronniers, ou au pied des Gypières dont on peut voir, de sa fenêtre, le profil précis sur le ciel. Arrivé là, il plantait son chevalet en terre, et, dans l'ivresse de la solitude, à mille siècles des méchants, libre de ne plus penser qu'à la façon d'exprimer le grondement de vie qu'il sentait en lui-même, il demandait au monde de lui en révéler le sens.

(1) Lettre à Emile Bernard, *loc. cit.*

« J'ai voulu faire de l'impressionnisme, disait-il à la fin de sa vie, quelque chose de solide et de durable comme l'art des musées (1). » C'est par là qu'il faut définir son œuvre, car elle ne se décrit pas. On ne peut suivre, en elle, les reflets sur les surfaces, ni disperser les mots à la poursuite des éléments multicolores du prisme décomposé, ni parcourir la route des vents à travers les branches et sur l'eau, ni montrer ce qu'il advient du même coin de terre suivant l'heure de la journée, suivant le mois qui porte en lui le gel, la pluie, la neige, le dessèchement des herbes sous le souffle du mistral, l'épanouissement des fleurs ou la maturation des fruits. C'est un essai primitif sur l'architecture générale et permanente de la terre, un morceau d'elle transporté avec ses assises profondes dans le cadre d'un tableau. Dans les paysages rocailleux dont il exprimait la vie, les maisons que nous avions construites semblaient aussi anciennes que les pierres, tant les étés et les hivers, en les mêlant à leur substance, avaient couvert de poussière ou brulé les plantes maigres qui poussent entre les crevasses du sol. Elles sont posées comme des blocs sur le piédestal granitique. Et le rythme des lignes nouvelles

(1) Cité par Maurice Denis, l'*Occident*, septembre 1907.

qu'elles introduisent dans les profils terrestres s'harmonisent avec eux dans un équilibre massif.

Ces maisons dorées et grises qu'on voit fuir entre les arbres tous inclinés vers la mer quand on vient du nord et qu'on entre au matin dans les plaines poudreuses du Rhône, revenaient toujours dans ses toiles, comme s'il avait cherché à grouper autour de leurs arêtes droites, de leur crépi rugueux, les taches sombres et les contours précis qui définissaient pour lui le pays où l'ossature de la terre s'accuse si nettement. Elles fixaient sa pensée dans un cadre géométrique dont il ne pouvait guère se passer que lorsqu'il trouvait devant lui un coteau barrant l'horizon comme une falaise, une forme de fronton grec ou de pyramide accaparant les formes environnantes par la lourdeur de sa masse ou la rigueur de ses plans. Il suivait leur ascension drue autour d'une église, sous le rouge sourd des toits entassés, quand elles l'arrêtaient, pesantes comme un tas de pierres, au milieu de la route qui va de Marseille à Aix. S'il descendait jusqu'au littoral elles limitaient pour lui, au bord du ciel, la tache opaque de la mer. Et quand il allait le long des chemins, il s'arrêtait toujours au moment où deux hautes lignes de murs contenaient, comme les cadres fixes de deux vers où se déroule d'un seul coup un pan de la terre, des masses d'arbres épaisses surplombant au-dessus d'eux.

Ce sol grec, ces collines dures, ces vallons caillouteux où les vertèbres de la planète percent partout son écorce, ne pouvaient conseiller à un esprit nourri de la mesure classique que la recherche des lignes et des volumes essentiels sur lesquels les peuples méditerranéens édifient depuis dix mille ans l'architecture mentale de l'humanité. Bien qu'il ait saisi avec une force admirable le contraste que présentent l'aridité, la netteté, la noblesse sobre et nue du pays méridional avec la confusion, l'ivresse orgiaque, l'interpénétration de l'air, des arbres et des eaux des paysages du nord, toutes les fois qu'il quitta sa vallée natale pour tenter d'exprimer leur panthéisme épars, il leur imposa l'ordre qu'exigeait son âme latine. Ainsi Rubens, au rebours de lui, introduisant la vie trouble et tumultueuse des Flandres dans les rythmes méridionaux. Il y a des paysages de l'Ile-de-France où la richesse des prairies et des feuillages, et la terre gonflée sous eux, et l'énorme ciel livide et deux ou trois taches d'un rouge éteint dans le chœur torrentiel des verts nourris, visqueux, humides, remplis de sucs et d'eaux de pluie, s'organisent comme une cathédrale peinte où la vie s'entasse et gronde, mais est de toutes parts comprise dans les limites de l'esprit.

C'est par Cézanne que s'est affirmée, à la fin du siècle dernier, la renaissance nécessaire de l'esthétique du Sud, voulue avant lui par Ingres auquel il ne put jamais pardonner l'étroitesse de ses formules, et ébauchée par Daumier, qu'il aimait, avec un si mâle accent. Il faudra bien que l'unité se fasse un jour, que les voies de fer qui transportent les hommes en quelques heures de la région des hêtres en celle des oliviers, que les mots qui volent en une seconde des rivages de feu au bord des banquises, et toutes les pensées et tous les désirs venus de tous les coins du ciel qui s'entrecroisent et se heurtent et s'usent les uns aux autres et se fécondent, créent une minute au moins pour notre joie, l'âme une et multiforme où Eschyle et Shakespeare se reconnaîtront tous deux. Il faudra bien que l'homme suprême se révèle pour consoler ceux d'entre nous qui pensent qu'il convient de libérer nos cœurs des esclavages enfantins où s'enchaînent, suivant le lieu de notre naissance, nos admirations et nos élans.

L'infériorité de l'art et de l'esprit du Sud est un bruit qu'ont fait courir les hommes du Nord depuis cinquante ou soixante ans. Il a juste autant d'importance que le bruit qu'avaient fait courir, depuis la Renaissance, les hommes du Midi sur la pensée et l'art du Nord. Le Midi est calomnié par les politiciens gambettistes, les ténors et les peintres de Toulouse, la littérature de M. Daudet, l'école bolonaise et les opéras italiens comme le Nord subit la tyrannie du ranz des vaches, du pittoresque tarifé, du sentimentalisme alimentaire de l'Allemagne, des magots de Teniers et du puritanisme anglo-saxon en guerre contre Brahma. La grossièreté des foules du Nord choque les intelligences latines, la facilité des foules du Midi énerve les sensibilités germaniques. Les uns et les autres ont oublié que les œuvres héroïques naissent de la réaction de quelques esprits contre la facilité des uns et la lourdeur des autres. Quelle est l'âme la plus profonde, de celle de Rembrandt oubliant peu à peu la matérialité bruyante de ses débuts pour suivre avec une angoisse enchantée la croissance de la lumière qui naissait au-dedans de lui, ou de celle de Michel-Ange, réagissant péniblement contre sa virtuosité primitive pour descendre dans les régions les plus secrètes de l'esprit avec une pesanteur et une force tous les jours un peu plus accrues ? L'art plus humain du Nord, l'art plus intellectuel du Midi ont une part égale à la formation de nos cœurs, et si nos ruptures d'équilibre nous font nous attacher tantôt aux héros du Midi et tantôt à ceux du Nord, nous n'avons pas le droit de les rendre à tour de rôle responsables des difficultés que nous éprouvons à les aimer à la fois.

V

Ainsi, que Cézanne emportât le sol gras à ses semelles ou qu'il les usât sur les cailloux, qu'il fît monter des rochers nus jusqu'au sommet du ciel ou poursuivît dans les eaux immobiles la nette structure des bois et des nuages réfléchis, comme pour retrouver dans le miroir des choses l'équilibre sommaire, mais inébranlable, qu'elles imposaient à son esprit, ou qu'il vît entrer les terres rouges coupées de bosquets noirs de chênes-liège et de buis, dans les collines crayeuses au-dessus desquelles monte un ciel assombri par le grand soleil, — tous les éléments de son univers s'organisaient dans leur ordre normal au sein d'une harmonie mate et sévère dont les verts et les bleus formaient toujours le centre et le motif. Cela se déroulait avec une densité singulière, la motte d'un labour serrée contre la motte d'un labour, un lit de silex sur un autre, les troncs nus tenant à leurs racines qui plongent entre les rochers, une masse de verdure, et la route qui tourne entre les maisons développant sa courbe lente comme si le rouleau de fer durcissait grain à grain sa poussière agglomérée. Qu'il s'agît d'une perspective lointaine de champs, de fossés, de chemins, de vallonnements, de haies, avec Sainte-Victoire au bout, qu'il s'agît d'un coin de sous-bois vert avec des troncs entrecroisés, un sol roux, une allée, des frondaisons obliques, d'une vieille maison crevée au bord d'un sentier pierreux, d'une mare étroite au pied d'un mur, il n'y avait pas dans le tissu des choses une seule maille lâchée, pas un trou par où pût se glisser la dissociation de la terre. Tout tenait d'un seul bloc. Un sol pétri de granit et de radicelles, la rigidité des fûts, l'épaisseur profonde des feuilles, un ciel compact où des nuances un peu pâles annoncent la diffusion lente de la vapeur d'eau, et quelquefois, répandue partout, rouge et dorée, comme faisant partie de la substance générale, l'illumination des pays maritimes à l'heure précédant la nuit, nous apparaissent comme un monde plus logique d'aichitecture et de couleurs plus serrées que celui que nous connaissons. Commencé, un poème peint de Cézanne passait, à un moment donné, par un maximum d'équilibre et de saturation. Achevé d'apparence, ou à l'état d'ébauche informe, quel que fût l'aspect du tableau qu'il avait repris cent fois, peinant, désespéré, c'est quand il l'avait mené à ce point-là qu'il l'abandonnait.

Il poursuivait alors son chemin inexorable. Il portait au-dedans de lui l'esquisse superbe d'un monde dont chaque tableau n'était qu'une étape où il parvenait épuisé et qu'il quittait cependant aussitôt, sûr cette fois que le repos était à la prochaine étape et puisant, dans chaque déception nouvelle, l'énergie d'aller plus loin. Jamais on n'eut, pour l'œuvre faite, plus magnifique dédain. C'était la feuille morte. Même au cœur de ces longs hivers de sensibilité qui frappent parfois les artistes, même à ces moments-là il savait bien que la poussée des feuilles vertes montait au-dedans de sa chair vers le printemps pressenti. Il ne regardait que l'œuvre à naître, but du mouvement sourd qui l'emportait irrésistiblement. Mission martyrisante et sainte ! Aucun espoir d'arrêt définitif, aucun repos, aucun refuge. Ce qu'il a fait hier l'irrite, il est condamné à rompre tous les jours les liens qui le retiennent au bloc social des vérités acquises, à briser à toute heure le cercle des admirations et des appuis qui s'apprêtent, à décourager de le suivre ceux qui sont près de le comprendre, à recommencer à chaque pas cette poursuite dramatique d'une réalité qu'il sait ne devoir jamais saisir. Mais quel orgueil !

Quand on lui présentait une œuvre ancienne, il la condamnait sans amertume, pensant à celle qui venait. Chez lui, des toiles traînaient un peu partout. L'une, pliée en quatre, calait une armoire, une autre servait à frotter le parquet, une autre à nettoyer le poêle. Il vantait l'adresse de son enfant à découper dans ses tableaux les fenêtres et les portes. Il le trouvait « *maléin* ». Il n'ouvrait pas les catalogues des expositions de ses peintures qu'on organisait à Paris ou à l'étranger. Il lui arrivait souvent une chose sublime . . . Il oubliait au milieu des champs une étude que le soleil et les tourbillons de poussière emportés par le mistral, et la pluie et la rosée avaient vite fait de reprendre. Son royaume intérieur était toujours plus beau que ce qu'il en disait.

Il ne put jamais peindre autrement que « sur le motif ». Il avait cela de commun avec les Impressionnistes ses amis. Comme eux, d'ailleurs, il était né d'une génération trop peu inventive pour ne pas éprouver avec eux l'impérieux besoin de redemander au monde sensible tous les prétextes à s'exprimer. « Peindre d'après nature, ce n'est pas copier l'objectif, c'est réaliser des sensations (1). » Il était à tel point dépourvu de la faculté d'imaginer qu'il ne savait pas choisir, dans le monde des formes, les plus propres à réaliser le type supérieur d'harmonie dont il désirait l'existence. Son choix ne s'exerçait jamais sur un grand nombre d'objets pour dégager d'eux l'objet moyen qui les exprimât tous. Il s'emparait d'un objet quelconque, sans nul souci de sa laideur, de sa beauté, et c'est alors que commençait son choix. L'objet prenait un caractère tel d'unité et de force expressive qu'il s'imposait comme une loi. Du monde interrogé sortait une synthèse où les sommets nus de l'idée frappent l'esprit comme la rime à l'extrémité du vers. Jamais l'ombre d'une anecdote. Pas une concession. Aucun effort pour intéresser ou plaire. C'était un peintre pur que les faits n'intéressaient pas et qui ne saisissait dans le monde que quelques généralités l'organisant pour lui selon des harmonies impitoyables. Jamais on n'accepta toute la vie visible avec une si complète indifférence pour la transporter dans la vie de l'esprit avec une si sobre splendeur. La plus grossière étoffe, un peignoir sale, une pauvre robe démodée, une veste

(1) Lettre à Emile Bernard, *loc. cit.*

maculée de plâtre et de boue, un vieux chapeau, une pipe de terre, une toile cirée, un pauvre papier à fleurs bleues sur le mur, un fauteuil rouge déchiré, prenaient par lui tout de suite une sourde magnificence. Il retrouvait dans les auberges de la campagne aixoise, dans les rues pauvres, chez lui, partout, les rapports d'éternelle gloire que les Vénitiens, ses maîtres, demandaient au ruissellement des velours et des soies brochés dans les palais de marbre et l'espace d'ambre et d'argent qui tremble sur la poitrine et le ventre des femmes nues.

C'était un peintre. Rien ne l'attirait dans le monde hors les combinaisons colorées et formelles que la lumière et l'ombre imposent aux objets pour révéler à l'œil des lois si rigoureuses qu'un haut esprit peut les appliquer à la vie pour lui demander ses directions métaphysiques ou morales. C'était un de ces êtres qui ne voient autour d'eux aucun des accidents où nous nous attachons presque tous à cause des saillies exceptionnelles qu'ils créent dans la monotonie de notre pensée, et qui remplissent leur pensée d'un enchevêtrement si logique et si solidaire de formes et de sentiments que l'ensemble banal des choses prend désormais pour elle un inépuisable intérêt. C'était un de ces fous qui passent à côté d'une cavalcade ou d'une rixe sans la voir, qui ne se mettent pas à leur fenêtre quand un tumulte éclate dans la rue et que prend une sorte de désespoir quand on leur barre le chemin pour les entretenir de la conduite d'une dame, des aventures d'un explorateur ou des vols d'un politicien. C'était un de ces fous qu'arrête une lumière errant sur un profil de chair, une douce illumination au faite d'un rang de maisons et de toits et de cheminées, la tache sur un mur d'un lambeau d'affiche, d'une porte peinte en rouge, d'une fenêtre peinte en bleu, et la courbe qui fait passer notre regard d'une nuque à une épaule, et les plans du crâne d'un cheval tendu par l'effort au bas d'une pente, quelques fleurs, un panier de fruits sur une table et tout ce qui confirme, dans le rapprochement des couleurs et des formes, la conception systématique qu'il se fait de l'univers.

Totalement incapable de trouver, hors de ce qui tombait sous son regard, des sujets de tableaux, il se livrait à d'étranges besognes, qui inquiétaient ses amis les plus fervents sur la santé de son génie, mais où l'on doit voir, au contraire, une conséquence rigoureuse et de sa vision purement plastique et de sa pauvreté d'invention. Pour donner un cadre vivant aux sensations qui l'étouffaient sans pouvoir sortir de lui dans un ordre acceptable pour des yeux autres que les siens, il allait chercher dans les vieux livres de famille, dans le *Magasin Pittoresque*, jusque dans les journaux de mode, de mauvaises gravures qu'il recopiait fidèlement mais où il faisait pénétrer les flots des symphonies puissantes que le monde orchestrait en lui. Sa force intuitive se passait d'images précises et de documents exacts. Il connaissait si bien pour les avoir vus au Louvre, en Flandre, Rubens, Véronèse, Poussin, Vélasquez, qu'il n'apercevait pas ce qui choque tous les artistes dans les mauvaises reproductions du livre de Charles Blanc et d'autres publications qu'il avait entre les mains. Le rythme approximatif de la composition lui suffisait pour qu'il transportât d'intuition, dans cette carcasse informe, l'éclat, la profondeur, le mystère et le mouvement de la vie.

Il allait vers les grands classiques, les poètes latins, Nicolas Poussin, Jean Racine, par le besoin qu'il avait de s'appuyer sur l'ordre et la mesure, et s'il aimait Baudelaire avec eux c'est parce qu'il cherchait, en ces fleuves de sang poussés du cœur par des pulsations enfiévrées, le témoignage d'un génie qui connût son désir d'imposer leur rythme aux orages obscurs de sa sensualité mystique.

Cent fois il essaya de grouper sous les arbres, près de l'eau, des êtres nus, femmes ou hommes, hanté par les harmonies sculpturales que Poussin apercevait dans la nature quand il associait les mouvements des beaux torses et des beaux bras aux volumes majestueux des arbres, à la régularité des moissons, aux lignes des châteaux-forts qui couronnent les collines, aux moutonnements des troupeaux, aux nuages puissants qui développent dans les cieux de grandioses architectures. Il y a, dans ces compositions étranges, êtres nus luttant sur l'herbe et s'ébattant dans les ruisseaux sous des frondaisons vertes, entre des troncs purs qui s'élancent comme un chant lyrique à la gloire des ciels bleus envahis d'argent aérien, un lent bruissement, une orgie maladroite de feuillage et de fraîcheur, une pénible aspiration vers la purification par la nature d'une humanité rajeunie, qui font entrer peu à peu dans nos sensibilités d'abord surprises, un large sentiment païen.

La forme en est gauche, parfois laide, soulevée parfois une seconde par un éclair de grâce immense. Jamais réalisée, elle est toujours puissamment pressentie. On y a vu des déformations volontaires. Ce n'est pas vrai. Il n'obtenait des modèles hommes que très difficilement. Il allait voir, l'été, se baigner les soldats dans l'Arc. Il ne voulait plus de modèles femmes, de « poseuses », depuis le jour déjà lointain où l'une d'elles, après s'être déshabillée, lui demanda pourquoi il avait l'air gêné. En réalité, ce grand sensuel craignait les femmes, plus encore que tous et que tout. Il avait avec elles des allures bourrues. Comme tous ceux qui les désirent trop, il affectait à leur égard un mépris qui n'était en somme qu'un hommage à leur pouvoir. Ne connaissant rien d'elles, il les croyait toutes à prendre et les fuyait, pour ne pas avoir à leur opposer une résistance inutile. Un jour que son jardinier lui mena ses deux grandes filles dans le jardin du Jas de Bouffan, il fit briser d'un coup de hache la porte fermée de la maison pour leur échapper, ne plus les voir (1). Il dut y avoir quelque chose d'analogue dans la vie du catholique Greco, environné de toutes parts par l'Espagne catholique et auquel Cézanne fait si souvent penser par la qualité de sa peinture et les disproportions de ses personnages nus, aussi bien que par cette impuissance d'imagination dont le peintre de Tolède ne donna jamais, à vrai dire, d'exemples aussi radicaux.

(1) Emile Bernard, *loc. cit.*

Pourtant, quand il ne s'agissait pas de peindre une figure nue, Cézanne trouvait autour de lui tous les éléments de contrôle qu'exigeait son impuissance à travailler d'invention. Sa femme, ses bonnes, le premier enfant venu, un ouvrier, un paysan, un ami, et toujours dans un décor quelconque, souvent le même, le fauteuil rouge usagé, la tapisserie, le vieux papier à dessins bleus. Or, il est rare que des maladresses étranges, des défauts d'équilibre partiels qui ne nuisent d'ailleurs jamais à l'équilibre général ne frappent pas du premier coup l'œil le moins exercé, et surtout lui. Pour ceux qui ignorent la signification du dessin, c'est dessiné par un enfant.

Ce n'est pas pour ceux-là qu'est faite la peinture. Tant pis pour eux s'ils ne savent pas voir la structure interne des formes, bâties comme des maisons, ces visages sommaires, vus par leurs plans, qu'il mettait cent jours à peindre, ces bras tombant de chaque côté, ces mains jointes ou posées sur les genoux, ces figures frustes, d'une telle austérité de vision, d'une telle intransigeance d'aspect, si simples, si épurées de tout désir d'attirer ou de séduire, qu'il faut remonter aux maîtres espagnols, Greco ou Zurbaran, pour trouver leurs équivalences. Cette indifférence à plaire, cette impuissance avouée à arranger les choses, cet entêtement terrible à les présenter comme elles sont, à chercher dans le premier objet venu les éléments d'une des synthèses plastiques les plus impressionnantes de la peinture, a quelque chose d'une force fatale, de la révélation d'un élément naturel insensible aux goûts, aux habitudes, à l'éducation progressive que les ouvriers de la peinture, de Masaccio à Delacroix, tentèrent de nous donner. Un enfant est là, tête nue, un foulard blanc au cou, quatre joueurs à une table avec du vin, des cartes, des pipes, de vieux habits, les poings posés, une femme est en peignoir, les mains croisées, une autre coud, une autre est là devant lui, sans rien faire, c'est toujours la même chose, de la matière peinte, des visages abrégés où deux trous noirs font les yeux dans un ovale massif, des vêtements d'une étoffe rugueuse, mais de tout cela rayonne un éclat sombre et riche, le sentiment d'une pleine solidité, un calme qui fait penser au calme des figures sortant de l'ombre en silence au faîte du Parthénon, un équilibre essentiel des masses dans la simplicité des attitudes et des profils que les Egyptiens seuls peut-être, les sculpteurs primitifs français et Giotto ont réalisés jusqu'ici.

Il n'y a pour lui, dans la nature, pas d'autre « sujet » que le plan. Il importe peu que l'objet soit suivi dans tous ses contours et fini dans tous ses détails. Il faut qu'il soit à sa place dans la profondeur de l'étendue vis à vis des autres objets, que les dégradations de ses bords lui donnent en même temps son existence propre, que l'objet par rapport au monde, le monde par rapport à l'objet soient étroitement solidaires. Il met où elles doivent être les surfaces droits ou courbes, en maçon dont les mains sont rudes et qui laisse à ses successeurs le soin de polir la phrase, d'arrondir la période et d'animer le récit. On a dit de lui, comme de Tintoret, comme de Greco, comme de Rembrandt, comme de Delacroix, comme de Goya, qu'il dessinait mal. Mais on ne dessine pas bien ou mal, pas plus qu'on n'écrit bien ou mal. En dessinant, en écrivant, on dit quelque chose, ou rien, on répète sans émotion des mots que d'autres prononcèrent en tremblant d'ardeur, ou on va chercher dans la forme et l'esprit mêlés des choses, quelques caractères nouveaux qui remueront en nous des sensations d'autant plus fortes qu'elles correspondront mieux aux sources inconnues que l'incessante évolution du monde ouvre tous les jours dans les cerveaux aventureux. Le dessin doit être aussi libre que les mouvements de la pensée qu'il a le droit de suivre dans leurs directions les plus nouvelles. Il peut tout se permettre, tout, à condition de négliger l'immobile esprit des écoles pour relier la forme à l'esprit mouvant de la vie en établissant dans la nature, où il en cherche un constant témoignage, la solidarité des plans. Cézanne ne savait pas parler correctement pour exprimer les vérités acquises, il affirmait, quelquefois en balbutiant, les immanentes vérités.

Il le savait bien. Son orgueil secret l'avertissait de la puissance de sa nature et de la grandeur de sa mission. Mais il souffrait de ne pouvoir dire ses pressentiments aussi librement que ses certitudes. Devant les dessins de Luca Signorelli, il pleurait de détresse. « Je suis trop vieux, je n'ai pas réalisé et je ne réaliserai pas maintenant. Je reste le primitif de la voie que j'ai découverte (1) ». Après l'œuvre négative et anarchique de l'Impressionnisme, la nécessaire analyse des éléments de l'univers poussée jusqu'à la dissociation complète, l'œuvre positive que Cézanne avait entreprise, l'œuvre de reconstitution synthétique dont il sentait le besoin général, ne pouvait exiger d'une seule vie d'homme

(1) Emile Bernard, *loc cit.*

qu'elle l'accomplît tout à fait. Reconstituant le monde, et n'ayant pas voulu demander une seule arme à l'arsenal de ceux qui l'entouraient, hors des cuirasses défensives que Pissarro et Claude Monet lui avaient fournies, il n'eut pas le temps de soigner les détails de l'édifice et de jeter sur ces charpentes enracinées en plein sol, les ornements incomparables par qui les hommes parvenus à la pleine liberté du verbe, Véronèse, Tintoret, Rubens, Vélasquez, Rembrandt, Watteau, participent sans effort à la liberté de la nature. C'est vers ceux-là surtout qu'il allait. Il aimait peu les primitifs en qui il retrouvait son propre tourment à créer. Il a dressé un piédestal de structure et de forme archaïques. A nous d'y élever le monument définitif.

VI

Cet homme effarouché, maniaque, susceptible, ce rentier qui acceptait en apparence toutes les conventions sociales, mais dont l'œuvre indigne ou fait sourire tous les êtres de type social, ce provincial irréductible que les bourgeois considéraient comme un criminel, et beaucoup d'artistes comme une nature puissante, mais aveugle, cette sorte de monstre qui ne regardait plus son œuvre quand il avait souffert des mois pour la créer, était cependant tout à fait conscient de la qualité de son effort. Quand il consentait à se livrer dans une de ces explosions de confiance où il trouvait un soulagement à des semaines de silence stoïque et furieux, tout sortait à la fois, ses enthousiasmes, ses rancœurs, ses désirs, dans un flot de paroles d'abord confuses, puis de plus en plus claires, ordonnées, entraînantes. Il parlait surtout peinture, mais si la discussion déviait sur un autre terrain — hors la politique exécrée — son esprit lui donnait immédiatement pour charpente les idées générales qu'il s'était lentement formées dans la contemplation des formes. Comme Joachim Gasquet lui exposait un jour sur sa demande le kantisme, il ramena en quelques mots ce système à ses propres théories plastiques. C'était un théoricien de son art, comme presque tous les artistes d'hier et d'aujourd'hui qui, parvenus à l'extrémité de l'analyse, demandent à leur raison, au milieu du désarroi de leurs sens, de reconcentrer en eux les éléments épars de la création plastique dont les maîtres leur avaient appris l'unité.

Cézanne ramenait à la sphère, au cône et au cylindre tous les aspects de la nature (1). Mais bien que synthétisant toujours les images sous lesquelles ils s'imposaient à lui, jamais il n'allait dans ses toiles jusqu'à l'abstraction linéaire. Quand il réduisait le monde en parole à ces figures simplifiées, il empruntait seulement au langage mathématique le plus pur symbole qu'il pût trouver pour exprimer ses tendances. Mais il restait peintre, et ne voulait être que peintre. S'il apercevait au monde sensuel des correspondances spirituelles, c'est par le monde sensuel seul qu'elles se révélaient à lui,

(1) Lettres à Emile Bernard, *loc. cit.*

et c'est toujours à lui qu'elles le ramenaient. Il était peintre. Ses harmonies intérieures, quand il rouvrait les yeux, retrouvaient toujours dans la nature leur contrôle et leur appui. S'il n'eût pas pris conscience, au contact des poètes classiques et des héros de la peinture, d'un monde imaginaire plongeant de partout dans le monde réel et où il tenta de se hausser en de terribles efforts quand il groupait des êtres nus sous la cathédrale des arbres, il eût trouvé une joie suffisante à peindre tout le jour un bout d'étoffe, un tapis pendu à la muraille, quelques fruits dans une assiette posée sur un coin de table. Jamais, depuis Vermeer de Delft, jamais artiste ne sentit mieux que celui-là l'identité de son sang avec la matière des choses. Les natures mortes de Cézanne, une bouteille, quelques pommes, un bol peint de fleurs bleues ou rouges, un couteau, ont la pesanteur de la vie arrachée à ses racines. On dirait que ces formes rondes, de chair dure et condensée, qui viennent de choir du panier avec un roulement sourd, sont colorées par le dedans, que la chaleur solaire attira le jus à leur surface pour y répandre la couleur sombre des pleines maturités. Autour, le monde fait silence, tout semble flou et pâle et désuni. C'est comme si une bête vierge exhalait dans un seul cri rauque tout le désir concentré dans ses os par les printemps et les étés et les automnes. Il est possible qu'on n'ait jamais taillé dans l'espace des morceaux de vie éternelle aussi denses que ceux-là.

« Quand la couleur est à sa richesse, disait-il, la forme est à sa plénitude (1) ». On dirait que la courbe pure des fruits rassemblés presse la couleur de toutes parts pour l'intensifier et lui donner son éclat sombre. On dirait que la couleur s'insinue sous leur épiderme pour déterminer par ses dégradations leur sphéricité presque absolue. C'est avec le pinceau, rien qu'avec lui, qu'il recréait le monde formel sur sa toile, comme on tisse sur la surface plane d'une tapisserie l'étendue des plaines, le volume des arbres, la rondeur parfaite du ciel. Sa forme se bosselait, tournait, s'enfonçait dans la profondeur parce qu'il juxtaposait des taches analogues tant qu'elle se continuait, des taches contrastées dès qu'elle s'arrêtait (2). « On ne devrait pas dire modeler, on devrait dire *moduler* (3) ». Il allait lentement, avec une opiniâtre patience, tache après tache, et recommençait vingt fois. Et voici qu'un univers compact, fait de solides

(1) Emile Bernard, *loc. cit.*
(2) Maurice Denis, *l'Occident*, sept. 1907.
(3) Emile Bernard, *loc. cit.*

pièces emboîtées, se recréait de lui-même pour dérouler la succession logique de ses plans, dont il invoquait constamment le témoignage indestructible, en un ensemble pur et un qui s'équilibrait tout seul dans la transparence aérienne.

VII

Cézanne, à la fin de sa vie, eût pu connaître la gloire, et le savait. Mais cela, encore, c'eût été le « grappin dessus ». Quand elle vint, il se terra davantage, effrayé qu'on parlât de lui. Pourtant, c'était bien la gloire, et la vraie, celle qui chemine inconnue des hommes dans la lumière intérieure de quelques esprits reconnaissants. Tous les jeunes gens de cette génération qui aiment la peinture ont plus ou moins consciemment sollicité les conseils de cette œuvre rude et subtile. La plupart ont cru devoir se soumettre à la lettre de son enseignement en infligeant volontairement à la forme des entorses et des fractures, en peuplant des paysages imaginaires de figures nues qui font penser à des saucisses éclatées, en installant sur le bord d'une table un verre de vin et trois oignons. Quelques-uns, pénétrés par son esprit, ont résolument abordé la nature avec le seul souci de lui demander, hors de toute intention littéraire, de toute tendance morale, le secret des colorations pures et des charpentes essentielles qui permettront aux hommes de demain de lui restituer ses grands rythmes architectoniques ou décoratifs. Jamais depuis Rubens peut-être, jamais peintre n'éveilla dans le monde des artistes une semblable ferveur. Il est pourtant possible que l'avenir ne reconnaisse pas à l'œuvre de Cézanne une valeur absolue plus haute qu'à celle de Delacroix, ou de Corot, ou de Daumier, ou de Courbet, ou de Renoir. C'est donc que la fascination générale exercée par cette œuvre sur les peintres tient à des causes profondes que la plupart méconnaissent ou ignorent tout à fait et dont Cézanne lui-même, d'ailleurs trop passionnément tourné vers la réalisation poursuivie pour regarder ceux qui le suivaient, ne soupçonnait pas l'importance. L'artiste est conscient de ce qu'il fait sans doute, mais rarement des relations de ce qu'il fait avec ce qui l'entoure et lui succède, de la place qu'il tient dans l'évolution des sociétés et de l'esprit. C'est pour cela que l'avenir a le droit de découvrir dans son œuvre des correspondances sociales et métaphysiques qui y manifestaient leur présence virtuelle le plus souvent à son insu.

Je ne sais pas, depuis le XIIIe siècle, une œuvre

moins individualiste et de caractère plus nettement impersonnel et général que celle-là. Il n'en est pas non plus qui soit venue à une heure plus décidée à rechercher, hors des formules creuses de l'idéologie politique, les assises réalistes d'une synthèse sociale dont tout fait prévoir l'approche et la nécessité. Les idées des philosophes, des savants et des artistes ne font qu'annoncer à l'avance les besoins généraux qui naissent dans les multitudes, presque toujours sans que les uns et les autres s'aperçoivent de leur solidarité. Au lendemain de l'impasse matérialiste et de l'analyse impressionniste, au moment de la dissociation sociale la plus complète de l'histoire depuis la fin du monde antique, l'œuvre de Cézanne apparaît comme un refuge grossièrement, mais solidement édifié, éclatant de sombre harmonie, où s'ébauche le symbole involontaire d'une construction métaphysique et sociale, peut-être universelle, qu'il n'est plus possible d'éluder. Je ne crois pas qu'on puisse expliquer autrement cet ascendant qu'elle a conquis si vite et qui a fait refluer vers la France l'Europe, en quête d'un ordre intellectuel nouveau.

Qu'on ne s'y trompe pas. Cézanne n'est pas plus fait pour être compris des multitudes que la fleur et le fruit pour remplir les fonctions des branches qui les soutiennent et du tronc qui les nourrit. Il déclarait que l'artiste ne s'adresse qu'à « un nombre excessivement restreint d'individus » (1). Et s'il est un symptôme social, il ne l'a ni désiré, ni su. Il n'avait rien d'un « primaire ». Il ne croyait pas que la raison fût à la fois le but et le moyen du monde. S'il y eut jamais un être en qui l'instinct commandait au raisonnement et forçait le raisonnement à organiser les révélations de l'instinct, c'est bien ce peintre formidable qui marchait en halluciné par la vie, se frayant un passage pénible dans l'amas des couleurs et des formes qui se pressaient autour de lui. Il sentait bien, le grand artiste, que l'afflux toujours nouveau des innombrables éléments de la vie qui monte et s'impose sans cesse, demande à tout instant aux générations successives de lui fournir les génies intuitifs qui débordent les données de la raison traditionnelle, pour introduire dans le monde des sensations et des idées dont la raison future aura un jour ou l'autre à contrôler la valeur. Bien qu'il ait dit cette parole décisive : « l'étude modifie notre vision à tel point que l'humble et colossal Pissarro se trouve justifié de ses théories

(1) Lettres à Emile Bernard, *loc. cit.*

anarchistes », il n'était pas du tout un révolutionnaire. Il vivait de ses bonnes rentes, et son amitié morte pour Zola qui lui fit garder au moment de la tourmente de la fin du siècle dernier, une réserve digne, ne l'empêcha pas de manifester à ses intimes ses sentiments conservateurs. Il allait régulièrement aux offices. « C'est la messe et la douche qui me tiennent droit », disait-il. Comme il réclamait en vain à la société des hommes l'édifice dont son cerveau systématique avait besoin, il s'abritait tant bien que mal dans l'édifice fictif, mais encore imposant, du catholicisme. S'il combattait l'avenir, lui qui portait l'esprit vivant de l'avenir, c'est qu'il s'attachait à la lettre morte d'un passé où il cherchait l'appui d'une architecture sociale que son œuvre, au milieu du désordre du temps, reconstituait pour l'avenir.

La fonction même qu'il est venu remplir auprès de ceux d'entre nous qui sont avides de trouver dans le monde les éléments d'un organisme nouveau, lui interdisait toute imagination et même toute opinion sociale personnelle, originale et novatrice. S'il eût quitté une minute le chantier pour planter un drapeau au faîte de la maison qu'il construisait pierre après pierre sans qu'aucun incident, aucun tumulte, aucune sollicitation, aucune douleur ait pu l'arracher à sa tâche, il n'eût pas eu cette action fatale et pour ainsi dire impersonnelle dont nous avons éprouvé le pouvoir. Il fallut à cette nature éperdue de foi, d'amoureuse ardeur, de puissance créatrice, une volonté de savant pour échapper aux tentations des sens et de la rêverie. Nous devons bénir son orgueil et sa solitude. Pour refaire un classicisme, il consentit à être un primitif. Lentement, péniblement, il recréa son innocence. Comme les Egyptiens, les Indous, les Français du moyen âge, il gardait l'anonymat. Il ne signait pas ses œuvres, il les oubliait tout à fait dès qu'elles étaient tombées de lui.

« ... je suis vieux, malade, et je me suis juré de mourir en peignant, plutôt que de tomber dans le gâtisme avilissant qui menace les vieillards qui se laissent dominer par les passions abrutissantes pour leurs sens ». Un jour qu'il travaillait dans la nature, il reçut la pluie sur le dos. Il rentra chez lui, se coucha, et mourut deux jours après.

LIX PEINTURES
DE PAUL CEZANNE

1. ETUDE

2. PORTRAIT

3. MATERNITÉ

4. PORTRAIT DE PAUL CEZANNE

5. PORTRAIT DE M. CHOQUET

6. PORTRAIT DE M. CHOQUET

7. PORTRAIT

8. PORTRAIT DE PAUL CEZANNE

9. ETUDE

10. ETUDE

11. PORTRAIT

12. PORTRAIT DE Mme CEZANNE

13. PORTRAIT

14. PORTRAIT DE Mme CEZANNE

15. PORTRAIT AU CHAPEAU MELON

16. LA FEMME A LA CAFETIÈRE

17. PORTRAIT DE PAUL CEZANNE

18. LES JOUEURS DE CARTES (FRAGMENT)

19. LES JOUEURS DE CARTES (FRAGMENT)

20. LES JOUEURS DE CARTES

21. FLEURS

22. FRUITS

23. ETUDE

24. COMPOTIER DE FRUITS

25. ETUDE DE DRAPÉ

26. FLEURS

27. POMMES ET TASSE

28. POIRES AU SUCRIER

29. FRUITS

30. POMMES A LA COMMODE

31. LE PANIER DE FRUITS

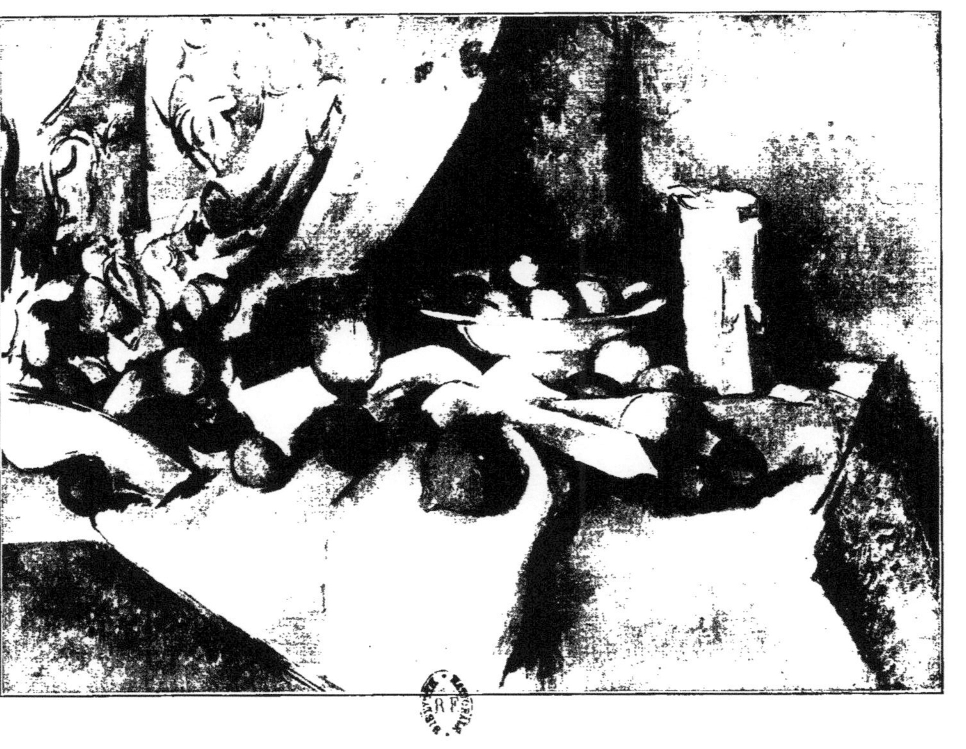

32. NATURE MORTE

33. ASSIETTE ET COMPOTIER DE FRUITS

34. FRUITS ET STATUETTE

35. AQUARELLE

36. AQUARELLE

37. LA PARTIE DE CAMPAGNE

38. SOUS-BOIS

39. PAYSAGE D'ILE DE FRANCE

40. PAYSAGE

41. LE GRAND PIN

42. L'ESTAQUE

43. PAYSAGE

44. PAYSAGE PROVENÇAL

45. GARDANNE

46. PAYSAGE D'AIX

47. PAYSAGE

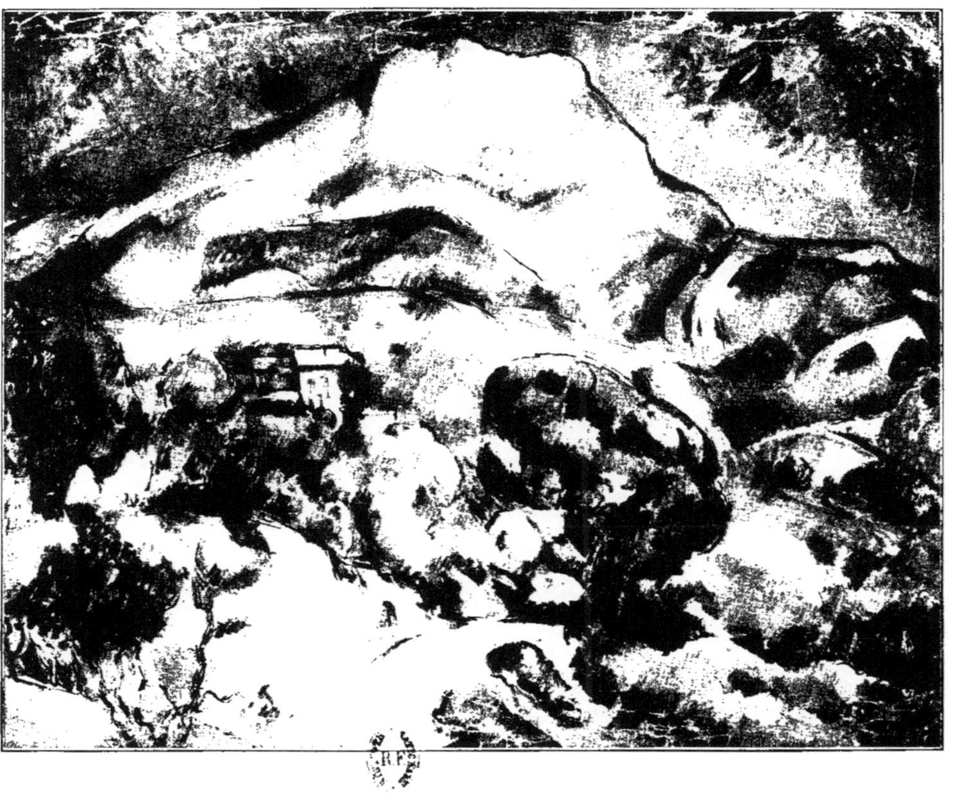

48. LA MONTAGNE SAINTE-VICTOIRE

49. PAYSAGE

50. L'ESTAQUE

51. LA MONTAGNE SAINTE-VICTOIRE

52. TORSE

53. LES BAIGNEUSES AU REPOS

54. BAIGNEUSES DEVANT LA TENTE

55. BAIGNEURS

56. ETUDE DE BAIGNEUSES

57. ETUDE DE BAIGNEUSES

58. ETUDE DE BAIGNEUSES

59. BAIGNEUSES

CE RECUEIL DE REPRODUCTIONS EN SIMILIGRAVURE DE MM. DÉMICHEL VERDOUX ET CIE A PARIS, EST SORTI DES PRESSES DE L'IMPRIMERIE SAINTE-CATHERINE A BRUGES-BELGIQUE, POUR LES ÉDITIONS DES « CAHIERS D'AUJOURD'HUI » PUBLIÉES PAR GEORGE BESSON, AUX ÉDITIONS GEORGES CRÈS ET CIE, 21, RUE HAUTEFEUILLE, PARIS

LES REPRODUCTIONS ONT ÉTÉ FAITES D'APRÈS DES PHOTOGRAPHIES PROCÉDÉ E. DRUET SAUF LES PLANCHES 15 ET 54 DUES AUX CLICHÉS DE M. GEORGES BERNHEIM

ÉDITIONS DES « CAHIERS D'AUJOURD'HUI » PUBLIÉES PAR GEORGE BESSON, CHEZ GEORGES CRÈS & Cie, RUE HAUTEFEUILLE, 21, PARIS

PRIX : 35 FRANCS

www.ingramcontent.com/pod-product-compliance
Ingram Content Group UK Ltd.
Pitfield, Milton Keynes, MK11 3LW, UK
UKHW020246180726
13839UKWH00001B/199

9 782329 566665